le traitement des

LE BOIS

écrit par Veronica Bonar
illustré par Tony Kenyon

GAMMA • ÉCOLE ACTIVE

Dépôt légal : septembre 1998. Bibliothèque nationale.
ISBN 2-7130-1856-0.

Exclusivité au Canada :
Éditions École Active
2244, rue de Rouen, Montréal, Qué. H2K 1L5.
Dépôts légaux : 3e trimestre 1998.
Bibliothèque nationale du Québec,
Bibliothèque nationale du Canada.
ISBN 2-89069-591-3.

Pour l'autorisation de reproduire les photographies,
les éditeurs remercient :
The Environmental Picture Library p.19 (H. Girardet) ;
Robert Harding Picture Library p. 7 ; Holt Studios p. 26
(Nigel Cattlin) ; Oxford Scientific Films p.12 (Terry Heathcote),
p. 14 (Philippe Henry), p. 25 (Terry Heathcote) ; Science
Photo Library p. 16, (Astrid et Hanns Frieder Michler),
p. 21 (Dr Morley Read) ; Zefa p. 8, p. 11, p. 22.

Loi n° 49-956 du 16 juillet 1949
sur les publications destinées à la jeunesse.

Imprimé en CEE.

Sommaire

L'utilisation du bois

Le bois est utilisé depuis des milliers d'années. Le bois est dur, mais il peut se plier et se couper. Il est solide et résiste longtemps. Partout dans le monde, des maisons, des bateaux, des ponts sont fabriqués avec du bois.
Le bois permet aussi de faire du feu pour se chauffer et cuire les aliments.

Dans la maison, de nombreux objets sont en bois, tels que les tables, les chaises et bien d'autres meubles. Les jouets et les boîtes en bois ne se cassent pas facilement. Nous prenons des cuillers en bois pour la cuisine, car le bois ne s'échauffe pas aussi vite que le métal. Beaucoup de maisons ont des portes et des fenêtres en bois. Les planchers et les **charpentes** pour supporter les toits sont en bois.

▲ Cette maison de Thaïlande est fabriquée tout en bois. Les meubles sont également en bois.

De l'arbre aux planches

Aujourd'hui, nous faisons pousser des arbres pour leur bois. Ce bois est plus ou moins dur.
Le bois dur est fourni par des arbres aux larges feuilles plates. La croissance de ces arbres est très lente ; ainsi le chêne atteint sa maturité au bout de 200 ans.
Le bois dur est solide ; il résiste longtemps.
Il est employé pour les meubles et les objets sculptés.

▲ Les pièces d'un violon sont taillées dans différentes sortes de bois.

D'autres arbres ont un bois plus tendre, comme les **conifères**. Leurs feuilles sont de minces aiguilles. Ils poussent facilement et en général assez vite. Un conifère atteint sa pleine taille à 50 ans.

Les bois tendres sont coupés et usinés sans difficulté par les machines. On les utilise principalement comme bois de construction ou pour faire du papier.

Les rebuts en bois

Nous jetons rarement du bois dans nos ordures, car les objets en bois durent longtemps. Parfois, nous voulons nous en débarrasser parce qu'ils sont abîmés ou que nous désirons en acheter de nouveaux. Mais il est facile de remettre à neuf un objet en bois, de recoller un jouet, de repeindre un vieux meuble.

Beaucoup de déchets de bois proviennent des chantiers de construction. Quand une maison est démolie, les portes, les fenêtres, les planchers sont mis au **rebut**. Ils ne sont pas réutilisés. De nouvelles poutres sont apportées pour la construction d'une maison neuve. Les déchets en bois sont brûlés sur place ou emportés dans des décharges.

▲ Quand une maison est démolie, il y a beaucoup de rebuts en bois.

Les décharges

Lorsque les rebuts en bois ne sont pas brûlés, ils sont emportés dans des décharges.
Le bois est **biodégradable**. Il se décompose lentement sous l'action des **bactéries** et se désagrège. Mais cela prend plusieurs années.

▲ Le tronc d'arbre sur le sol se décompose lentement sous l'action de l'air et des bactéries.

Dans les décharges, les déchets sont compressés par de lourdes machines. L'air n'y pénètre plus. Les bactéries, qui ont besoin d'air pour vivre, ne peuvent plus décomposer le bois.

Les rebuts en bois sont encombrants, ce qui nécessite sans cesse de nouveaux terrains pour les décharges.

Brûler le bois

Certains pensent que la meilleure façon de se débarrasser des rebuts en bois est de les brûler. On brûle les vieux meubles et les cagettes. Sont également brûlés les déchets dans les chantiers de construction. Mais la fumée de ces feux contribue à la **pollution** de l'air.

▲ Les feux de jardin produisent beaucoup de fumée.

Quand le bûcheron abat un arbre,
il **élague** les branches et les brûle.
Seul le tronc est utilisé comme bois
de construction.
En automne, les jardiniers font des feux
avec les feuilles mortes et les brindilles
qu'ils ramassent.

L'effet de serre

Pour brûler, un feu de bois consomme l'**oxygène** de l'air. En même temps il produit un gaz, le **dioxyde de carbone** qui s'échappe de l'air. Ce gaz contribue à maintenir la chaleur dégagée par la terre et l'empêche de s'évacuer dans l'espace.

▲ Ce feu produit beaucoup de chaleur et de dioxyde de carbone.

Cette chaleur, piégée par le dioxyde de carbone, contribue à réchauffer l'air autour de la terre, comme le ferait une serre au-dessus d'une culture. Ce phénomène s'appelle l'**effet de serre**. Ce réchauffement peut modifier le climat de notrc planète.

Les arbres, l'air et l'eau

Les hommes et les animaux absorbent l'oxygène de l'air et rejettent du dioxyde de carbone. À l'inverse, les plantes absorbent du dioxyde de carbone et rejettent de l'oxygène. Lorsqu'un trop grand nombre d'arbres est abattu, l'air contient alors plus de dioxyde de carbone et moins d'oxygène !

Les arbres protègent le sol. Leurs branches l'abritent des rayons du soleil et leurs racines le maintiennent en place malgré le vent et la pluie. Si trop d'arbres sont abattus, la terre devient sèche et friable. Le sol est érodé, usé par le vent et les eaux. Les plantes ne peuvent plus pousser et la terre se transforme en désert.

▲ Les racines maintiennent le sol en place sous les arbres, mais partout ailleurs le sol est érodé.

La déforestation

Partout dans le monde, des forêts sont décimées. Dans les forêts tropicales, les arbres sont souvent brûlés sur place afin de libérer plus rapidement la terre. Des routes, des mines, des barrages les remplacent.
Parfois, la suppression de la forêt a pour but la mise en culture de la terre. Mais le sol est souvent trop pauvre ; après quelques années, il ne contient plus assez d'éléments pour permettre les cultures. Il faut à nouveau empiéter sur la forêt.

Beaucoup de plantes des forêts tropicales contribuent à notre alimentation avec leurs fruits et leurs graines : bananes, mangues, café, chocolat... Certaines plantes de ces forêts servent à la fabrication de médicaments. Plusieurs millions de variétés de plantes poussent dans les forêts tropicales.
Les botanistes pensent qu'il existe des espèces encore jamais découvertes. La disparition des forêts constituerait un dommage irréparable.

▲ Une grande partie de la forêt amazonienne a été détruite pour laisser la place aux cultures.

La forêt menacée

Comme les forêts tropicales, les forêts tempérées sont aussi menacées. Des arbres sont abattus naturellement par les tempêtes, d'autres brûlés par des incendies. Des forêts sont décimées pour laisser la place aux maisons et aux routes. Des fermiers abattent des arbres pour agrandir leur champ. Les **feuillus** sont remplacés par des conifères dont la croissance est plus rapide.

▲ En automne, les feuillus changent de couleur avant que leurs feuilles tombent sur le sol. Les arbres vert foncé sont des conifères qui gardent leurs feuilles.

En abattant un arbre, on supprime aussi le refuge des autres plantes et des nombreux animaux qui vivent dans ses branches, sur son tronc et entre ses racines. Les oiseaux et les insectes font leur nid dans les branches. Les abeilles butinent les fleurs des arbres.

Entretenons la forêt

Dans une forêt, les arbres nécessitent d'être entretenus pour rester en bonne santé et grandir. Les branches mortes ou abîmées doivent être éliminées. Les arbres plantés trop près les uns des autres se gênent. Il faut éclaircir la forêt, couper les arbres malingres, afin que la lumière atteigne les jeunes plants.

La **régénération** de la forêt se fait naturellement par les rejets de souche. Lorsqu'un arbre est abattu, la souche ne meurt pas. Au bout d'un certain temps, quelques rejets poussent sur cette souche. Lorsqu'ils atteignent une bonne dimension, ils sont coupés pour faire des piquets et des perches.

▲ Le **taillis** est un mode d'exportation de la forêt qui assure sa régénération par rejet de souche.

Préservons les arbres

De nouveaux arbres sont plantés pour régénérer la forêt. En Afrique, des milliards de **plants** permettent d'arrêter l'**érosion** du sol. Ils fourniront du bois de construction pour les générations futures.
Dans certains pays, les agriculteurs effectuent leurs cultures sous des arbres, au lieu de supprimer la forêt pour laisser la place aux champs. Ainsi, le cacaoyer est un petit arbre qui pousse à l'ombre de grands palmiers.

▲ Aux Philippines, du maïs est cultivé sous les cocotiers.

Tu peux contribuer à la préservation des arbres en t'occupant d'une **pépinière**. En automne, ramasse des graines d'arbre tels que glands, noisettes, graines ailées... Plante ces graines dans des pots remplis de terre humide. Conserve les pots dans un endroit chaud et arrose-les régulièrement. Quand les **plantules** apparaissent, place les pots à la lumière. Lorsque les plants sont assez grands, replante-les à l'extérieur dans un endroit abrité du vent. Arrose-les par temps sec et enlève les mauvaises herbes qui se trouvent à leur pied.

Glossaire

bactérie : Être vivant microscopique qui se trouve dans l'air et le sol, sur les plantes et les animaux, et qui contribue à décomposer les plantes et les animaux morts.

biodégradable : Qui peut subir une destruction par des organismes vivants.

charpente : Assemblage de pièces de bois constituant l'ossature d'une construction.

conifère : Arbre à feuilles persistantes, caractérisé par ses cônes, comme le pin, le sapin et l'épicéa.

décharge : Lieu où l'on dépose des ordures.

déforestation : Action de détruire une forêt.

dioxyde de carbone : Gaz carbonique.

effet de serre : Phénomène de réchauffement dû à l'action de l'atmosphère.

élaguer : Dépouiller un arbre des branches superflues, ébrancher.

érosion : Action d'usure de la terre par les eaux et le vent.

feuillu : Arbre qui perd ses feuilles en hiver.

oxygène : Gaz indispensable à la vie.

pépinière : Terrain où l'on fait pousser de jeunes arbres pour les replanter.

plant : Arbre au début de sa croissance.

plantule : Jeune plante au début de la germination.

pollution : Dégradation du milieu où nous vivons.

régénération : Reconstitution naturelle de la forêt.

rebut : Ce qui est rejeté.

taillis : Partie d'une forêt où il n'y a que des arbres de faible dimension issus de souches.

Index